Les chevaliers

Texte de Stéphanie Ledu
Illustrations d'Alex Langlois

MILAN

Un chevalier est un guerrier du Moyen Âge.
Il possède plusieurs chevaux de combat,
une armure, des épées, un bouclier...
Cet équipement coûte une fortune !

Seul un fils de riche famille peut devenir chevalier. L'**apprentissage** est long. À 7 ans, le petit garçon quitte ses parents : il part vivre chez un oncle ou chez un **seigneur** plus puissant que son père.

Le voici **page** du nouveau château.
À l'**écurie**, il apprend à s'occuper
des chevaux…

Placé sous la surveillance des dames,
il apprend aussi les bonnes manières
et sert à table.

Lequel des futurs chevaliers est le plus fort et le plus adroit ? Chaque jour, les pages **se défient** : ils tirent à l'arc, luttent, combattent avec des épées de bois...

À 14 ans, devenus **écuyers**, ils prennent de vraies leçons avec le **maître d'armes**.

Manier la lance, c'est difficile... Au galop !
Il faut toucher le mannequin appelé **quintaine**
ou attraper l'anneau fixé à un mât.

Le chevalier suit les progrès de ses protégés. Il les emmène souvent à la **chasse**.

Pour débusquer le cerf ou le sanglier dans la forêt profonde, il faut être malin et courageux. Ces qualités seront précieuses sur le **champ de bataille**.

Mais être **valeureux** ne suffit pas. Un chevalier doit aussi savoir bien parler, danser et chanter joliment, pour **divertir** les invités du château et **plaire** aux dames…

Le grand jour est arrivé !
L'écuyer, âgé de 21 ans,
va être **adoubé**.

Son **parrain** le frappe du plat de son épée
en prononçant ces mots : « Je te fais **chevalier**.
Sois toujours bon, loyal et généreux ! »

Le jeune chevalier part à l'aventure. Il va de **tournoi** en tournoi pour bâtir sa **renommée**.

C'est aussi un moyen de s'enrichir : s'il bat son **adversaire**, il gagnera ses armes et son cheval, qu'il revendra !

Mais ce que le chevalier préfère, c'est **guerroyer**. Un de ses amis se querelle avec un **seigneur** rival ? Aussitôt, il lui vient en aide.

Les chevaliers tendent une **embuscade** à leurs ennemis : ils n'essaient pas de les tuer, mais de les **capturer**. Pour être libérés, les prisonniers devront payer une **rançon**...

Cette fois-ci, **pas de quartier** ! Le chevalier se bat aux côtés du **roi de France** contre l'armée anglaise.

Les chevaliers s'affrontent avec des **épées**, des **haches**, des **masses**... Gare aux chocs !

Lorsque le chevalier ne combat pas, il gère le **domaine** qu'il **a hérité** de son père. Il veille sur les récoltes, sur le bon fonctionnement du four et du moulin…

Avec ses soldats, il protège le pays
des brigands qui parcourent les campagnes.

Reconnu et respecté, le chevalier accueille à son tour de jeunes **pages** dans son château.

Tous rêvent de devenir de preux chevaliers, comme lui !

Découvre tous les titres
de la collection

Mes P'tits DOCS

À table !
Au bureau
Les bateaux
Le bricolage
Les camions
Le camping
Le chantier

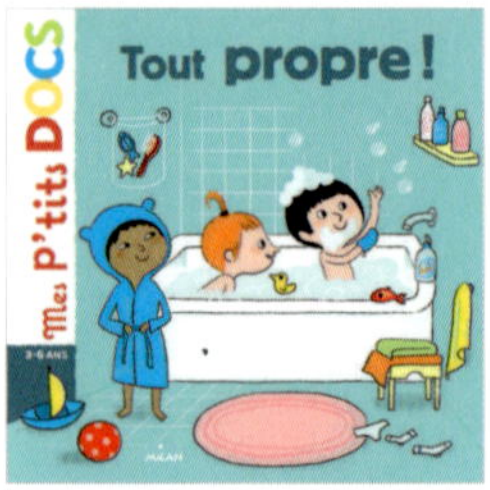

Le chocolat
Les Cro-Magnon
Les dauphins
Le déménagement
Les dents
Les dinosaures
L'école maternelle

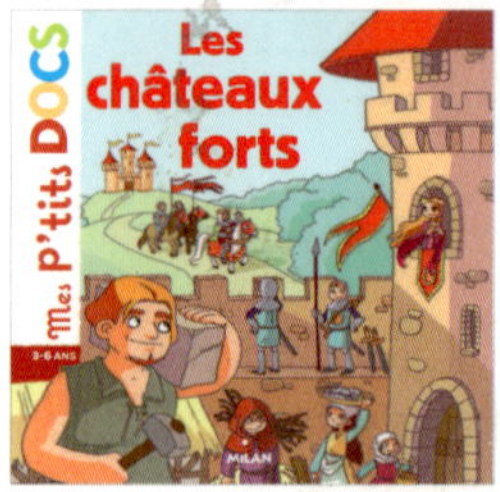

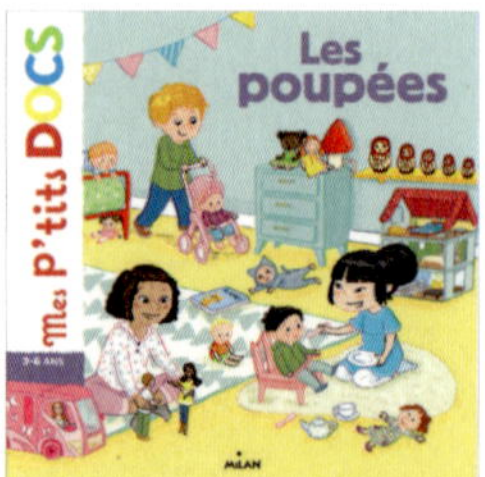

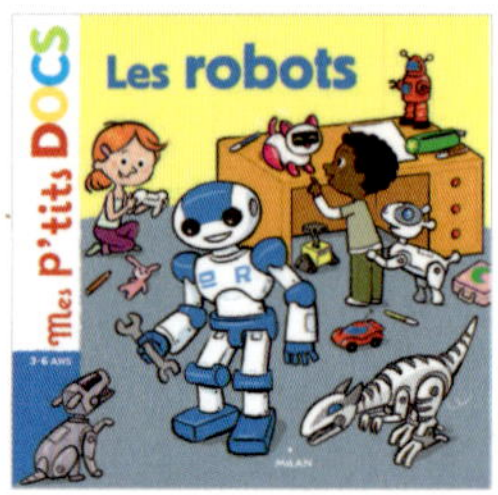

L'espace
La ferme
La fête foraine
Le football
Les fourmis
Le handicap
L'hôpital